¡Excursiones!

El relleno sanitario

Angela Leeper

Traducción de Paul Osborn

Heinemann Library

Chicago, Illinois

Customer Service 888-454-2279
Visit our website at www.heinemannlibrary.com

Designed by Kim Kovalick, Heinemann Library; Page layout by Que-Net Media
Printed and bound in China by South China Printing Company Limited.
Photo research by Jill Birschbach

08 07 06 05 04
10 9 8 7 6 5 4 3 2 1

Library of Congress Cataloging-in-Publication Data.
A copy of the cataloging-in-publication data for this title is on file with the Library of Congress.
[Landfill. Spanish]
El relleno sanitario / Angela Leeper.
ISBN 1-4034-5639-9 (HC), 1-4034-5645-3 (Pbk.)

Acknowledgments
The author and publishers are grateful to the following for permission to reproduce copyright material:
pp. 4, 6, 7 Robert Lifson/Heinemann Library; p. 5 John Hawkins/Frank Lane Picture Agency/Corbis; p. 8 Patrick Bennett/Corbis; pp. 9, 10, 11, 12, 13, 18, 20, 21, 23, back cover Jill Birschbach/Heinemann Library; p. 14 Tom & Dee Ann McCarthy/Corbis; p. 15 Chinch Gryniewicz/Ecoscene/Corbis; p. 16 John B. Boykin/Corbis; pp. 17, 19 Corbis

Cover photograph by John B. Boykin/Corbis

Every effort has been made to contact copyright holders of any material reproduced in this book. Any omissions will be rectified in subsequent printings if notice is given to the publisher.

Special thanks to our bilingual advisory panel for their help in the preparation of this book:

Aurora Colón García
Literacy Specialist
Northside Independent School District
San Antonio, TX

Leah Radinsky
Bilingual Teacher
Inter-American Magnet School
Chicago, IL

Special thanks to North Wake Solid Waste Management Facility and Butch Brandenburg and Onyx Glacier Ridge Landfill, Horicon, Wisconsin.

Contenido

Unas palabras están en negrita, **así**.
Las encontrarás en el glosario en fotos de la página 23.

¿Adónde va la basura que desechas?

La basura que botas llega a un relleno sanitario.

Los rellenos sanitarios contienen la basura de las personas.

Los rellenos sanitarios pueden estar cerca o lejos de tu vecindario.

Un relleno sanitario comienza como un gran hueco en la tierra.

¿Qué clase de basura va al relleno sanitario?

Todos los días producimos basura.

Puede que tires envolturas o desperdicios de comida.

Puede que barras el piso y tires la basura.

Todas estas cosas pueden ir a los rellenos sanitarios.

¿Cómo llega la basura al relleno sanitario?

Los recolectores de basura recogen la basura de las casas.

Llevan la basura al relleno sanitario en el camión basurero.

Puede que los recolectores de basura no vayan a las casas del campo.

Las personas llevan su propia basura al relleno sanitario.

¿Qué pasa con la basura en el relleno sanitario?

La basura se saca del camión basurero.

Las **compactadoras de basura** colocan la basura en un montículo.

Las compactadoras aplanan
la basura.

Pasan encima de ella una y otra vez.

¿Qué sucede después?

Las **compactadoras de basura** ponen tierra sobre la basura.

La tierra ayuda a mantener la higiene del relleno sanitario.

La tierra evita que la basura se desparrame con el viento.

¡También ayuda a evitar el mal olor!

¿Por qué hay pájaros en el relleno sanitario?

Hay muchos tipos de pájaros en el relleno sanitario.

La mayoría son gaviotas.

Van en busca de comida.

¿Puede un relleno sanitario llenarse completamente?

Cada día entra más basura y tierra al relleno sanitario.

Los niveles de basura aumentan.

Después de muchos años, el relleno sanitario se llena por completo.

Ya no puede contener más basura.

¿Qué pasa cuando un relleno sanitario se llena?

Cuando un relleno sanitario se llena, parece un montículo.

¡Muchos se convierten en parques o incluso campos de golf!

Las personas aun necesitan un lugar para depositar su basura.

Se abre un nuevo relleno sanitario.

¿Qué no debería ir en el relleno sanitario?

El plástico, el vidrio, el metal y el papel no deben ir en el relleno sanitario.

Estas cosas se pueden **reciclar**.

Este enorme depósito tiene cosas para ser recicladas.

Reciclar ahorra espacio en el relleno sanitario.

Mapa del relleno sanitario

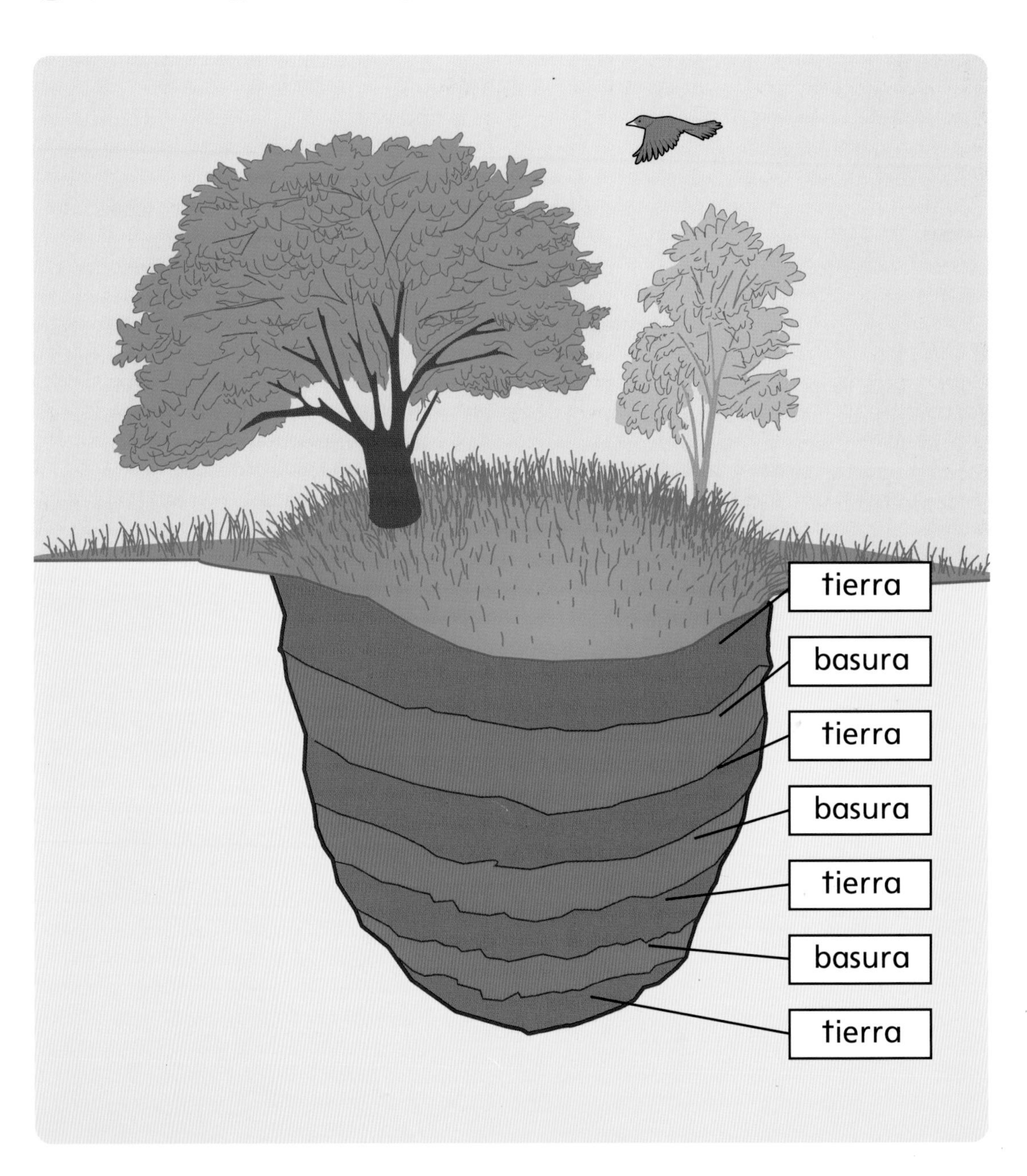

Glosario en fotos

reciclar
páginas 20, 21
volver a usar algo

compactadora de basura
páginas 10, 11, 12
camión grande capaz de
aplanar cosas

Nota a padres y maestros

Leer para buscar información es un aspecto importante del desarrollo de la lectoescritura. El aprendizaje empieza con una pregunta. Si usted alienta a los niños a hacerse preguntas sobre el mundo que los rodea, los ayudará a verse como investigadores. Cada capítulo de este libro empieza con una pregunta. Lean la pregunta juntos, miren las fotos y traten de contestar la pregunta. Después, lean y comprueben si sus predicciones son correctas. Piensen en otras preguntas sobre el tema y comenten dónde pueden buscar la respuesta. Ayude a los niños a usar el glosario en fotos y el índice para practicar nuevas destrezas de vocabulario y de investigación.

Índice